the BELOVED

Armin Kabiri

Farsi Translation by Mehrdad Rahimi (Mehr)

Epigraph Publishing

Rhinebeck, New York

The Beloved (معشوق)

Paperback ISBN 978-1-954744-49-3

Library of Congress Control Number 2021923765

Book design by Colin Rolfe

Epigraph Books
22 East Market Street, Suite 304
Rhinebeck, New York 12572
(845) 876-4861
epigraphps.com

the
BELOVED

My dearest friend,
The Sun has built itself a cozy home
on the tip of your nose.

Our Beloved has made himself small
so that you can kiss Him.

Our Beloved has woven herself
into everything,

so that no matter where
your lips fall,

they will land on Her cheeks.

A mushroom hunter, a religious man,
and a child all decided to take a walk
in a beautiful forest.

It had rained the night before,
so the mushroom hunter
had tremendous luck finding exquisite
mushrooms.

However, in his search,
he missed all the other marvels
the forest had to offer.

The religious man had a lovely time.
But, he became worn out just meters
into the forest.

He became so preoccupied with bowing
to every tree and insect,
that he lost track of the others.

The child, by the end of the hike,
had made close friends
with a handful of leaves, a log,
and a squirrel.

In the joy of his new friendships,
he danced the whole way back home.

O look,

gold and diamonds
have become humble servants

to an autumn leaf.

The Woman whom I adore,
has laid her body
upon the infinite expanse of space.

Now, my every movement
has become a gentle kiss
and a passionate dance

upon Her holy existence.

redder than the reddest lipstick

My dear friend,
let your Heart's lips
kiss every molecule of existence

and soon,
you will find

your lips are redder
than the reddest lipstick.

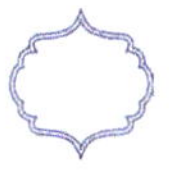

May I tell you a secret?

There is only one
thing to do.

When you wake up,

fill your golden basket with love
and take it with you
wherever you go.

Surely every step you take,
sprinkles of love will slip through
your woven basket

and pollinate the hungry ground.

The land of milk and honey
is just a gentle walk

through the maze of your heart.

Come close and you will see,
The music of the heart
does not disturb the silence.

In fact,
they take turns
dancing for each-other.

O, how beautiful.
You are the Beloved.

And yet, you chose to separate
just to experience

the sweet joy of meeting again.

If I knew sooner
every pore of my body
was oozing the honey
of love,

I wouldn't have stopped running.

One day an aspirant came to the feet
of a local saint.

The seeker asked, "What is God?"

The saint began an eternal list.

Without even having scratched the surface
of every particle of existence,
he died.

Not much longer, the aspirant passed away
as well.

The seeker still thirsty for knowledge,
met again with the saint.

Except this time, on the clouds.

The seeker then asked,
"Well then, what is NOT God?"

The saint then sat in silence
for so long that he became God,

and began to laugh and dance
eternally.

Dear seeker,
know that the Truth
is crystal clear.

If you spend all of your time
looking,
you may never find.

However, one day you may
stub your toe

on something Magnificent.

No matter which way the wind blows,
smoke always rises.

Nor rising, nor falling,
the blue sky
always watches.

Through the space between branches,

God has shined a mighty spotlight
on this green stage.

Will you dance for Her?

O Beloved,

If my every movement is not
an act of love,

hold me as still
as a mountain.

If my every motion begins to sing
in the key of love,

take me
with the wind.

This morning,

I had to write my most sacred poems
in water.

These pages could no longer
bear the weight
of these heavy swords.

This morning,

I had to write my most sacred poems
in water.

I could no longer afford
to keep burning paper.

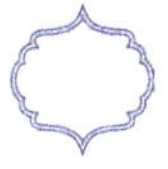

I pray to the wet light
strumming its wings.

O, what a beautiful occasion.

The holy butterflies
are flying inside me.

If you try to hold water,
the water will leave your hand,
and your hand will remain closed.

Love you may not have.

Love you may only Be.

Out of the kingdom of my heart,
emerged infinite warriors.

Racing on their white horses,
they conquered every crevice of my body.

To claim my land,
these divine warriors of light

playfully started smashing golden eggs
everywhere.

Splattering all of existence
with colors
of Trust and Truth.

Beautiful seeker of Truth,

If you would like to see
through the steam-covered glass
of God's loving flame,

simply,
give it kisses.

Kissing everywhere will give
optimum results.

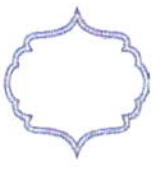

Dear friend,

One day you will
stumble upon God
...
and turn in the opposite direction,
drop to your knees,
and send your deepest prayers,

to that majestic steed of Love

that allowed You
to arrive Home.

The opposing armies within me
alas, came to a truce.

In a spectacular moment,
all the soldiers sweetly and gently
gave each other hugs.

They dropped their swords
on the surface of this page,

and that is how this poem
came to Be.

Some have walked on water
Many have walked in rain

only One has become water.

On this path,
at some point or another,

someone will insist that you seek
some serious professional help.

And they are probably right.

I know that God can get quite busy
this time of year.

I would try to book an appointment
far in advance.

Now here is a poem
that is surely nonsense
but purely True.

It is not the tree
that created a reflection of itself
upon the water
...

But, the clear and still water
that casted a reflection,
which manifested
tree as form.

If that makes you scratch your head
for too long,

just remember to be more
Loving.

Love has sung
the call to prayer!

Every molecule in existence
has put on a colored robe,

and holding hands,

has started a mighty spinning dance

around your sweet, shining
Heart.

Yesterday,

the angels were weeping
at the beauty of God...

and began throwing
their tissues in the sky...

O, what a wonderful prayer!

The royal dancers started jumping
on bowing heads,

kicking the heads off
and creating new planets!

Ah, and how the loyal
decapitated praying ones
loved it!

In a tone sweeter than honey,
a lover said to his Beloved:

"My dear, I now know
you are everywhere and everything.

Finally, you can no longer
hide from me."

And his Beloved said:

"Alas! You know that I am
everywhere and everything,
every thought and every person,
every molecule and the essence
of nothing itself

• • •

Finally, you can no longer
get away from me!"

Sweetheart,

Laughter is your destiny

• • •

and Infinity cannot wait
to have more friends.

Kneeling and kissing
my Beloved's beautiful toes,

angels and children
started using my back
as a slide,

catapulting themselves
even deeper into

the sweet and clear waters
of Love.

Brace yourselves for this one

• • •

True poetry is the fluid of love-making

that was wiped off
your lover's sweet body.

If a line was beautiful,
imagine
what the love-making was like.

This is something they probably
don't teach in school...

Sex serves purely a biological function.

Love or Love-Making
serves no function
and can be expressed in any act...

And yet, is the source
of creation itself.

So next time you're having sex

...

try to add
some Love into the mix.

Sweetheart,

when you are sad or calloused,

every particle in your body
is wondering so innocently...

Where is the Host
of this divine ball?

It is rude
not to attend your own party.

The guardian lions
walk on glass floors,

drawing swords
with the melting wax
of white candles.

My heart is at peace,
for I know

our Mother
is eternally protected.

This morning I received
a letter in the mail
signed by God, herself.

It was written in light and dancing forms,

so I will do my best to translate…
It said:

"Sweethearts, I invented words
so that you could spice up
your love songs.

Why create weapons?"

Then raindrops fell upon the page
and below the surface
of these words,
It said:

"Every movement and every stillness
is a love song."

Sometimes, I find myself
sitting on cliffs
and letting icicles know
that it is okay to cry.

Other-times,
I find myself whispering
to unopened flower petals
that they need not be so shy.

My sincerest apologies
for the rhyme in this tune.

And a word on suffering...

My dear friend,
If this world was so sterile and safe,

after a while,
you would start feeling
like you were living in a hospital.

So take off that hazmat suit
and go have some FUN.

A day will come when you set aside
the whole 'renunciation' thing.

Although, sometimes it can clean
some of those stinky clothes.

Instead of saying,
"I will renounce this for that.",

there will be something along the lines of…

"This is Also beautiful."

Wayfarer,
your Beloved's body
is everywhere.

That includes the invisible space
in your mind,
where your thoughts
often clash and wrestle.

Let your thoughts so intimately
caress that invisible space,
until invisible it is no more.

Let your thoughts be effulgent feathers
that seduce empty space

into birthing color and light.

The sickle moon became so happy
and so full of God,

that her smile
kept getting wider and wider

...

until Boom!

A radiant sphere appeared
in the night sky.

Would you like to know
what I have really been working on?

Well, I have been weaving
an array of infinite
golden nests,

that can nurture the hearts
of all of Existence.

I will need some help however,

sending invitations.

Tonight,
I wish you were here
so I could serve You
this delicious soup I have cooked.

In our close distance however,
I can share with you this:

Truth sits behind the veil
of evolution.

For behind all change
is a constance
that always was and always will be.

What we often like to call 'change',

is simply the turning
of an immaculate sphere
upon the mighty axis of Love.

...That sounded a bit serious.

...I guess you should have been here
for the soup.

One day you will wake up,

and suddenly you will know

Everyone's Name.

A poet is a simple farmer…

Sometimes traversing the sky meadow,
bringing back fruits
crafted from sublime light.

Other-times, digging deep
into the earth's soil,
wet from Her divine tears.

A poet is a simple farmer…

naked and alone
and yet,

clothed with mud stains
and with All.

A poet is a simple farmer...

My dear,

There has only ever been

One Poet
and
One Poem

• • •

I have Become
like a pregnant mother
with aching breasts,

desperate to nurse you.

What you have forever
been begging for,

I am now
begging for you to take.

At the very edge of this Holy Water
is a Sacred Flame.

Here, the most gentle love
and the most passionate love
are holding hands.

All are welcome in my holy realm,
for this burning ring will
melt all swords
at its very doorsteps,
and offer the melted honey to my pets.

No need to fear, sweetheart.
All are welcome.

In the burning silence,
the snow melted and the birds flew down
to drink from a puddle.

Holding droplets of water
in their beaks,

the birds flew in every direction,
stretching the firmament
even further and further.

The Sun whispered in my ear
its deepest secret.

I hope she knows, those things,
I am not so good at keeping.

Bring your ear close...

"I am just a shadow
of your Heart."

Sweetheart,

Every concept and name
you have made for the Beloved,
will eventually
jump out of the way

• • •

so that your lips
don't miss
an ounce of Existence.

I have found
that the only question
worth asking is:

"Will you marry me?"

To which you will probably
get some strange response
like...

"If you will marry Me,
first you must marry Silence."

Everything I have ever written
has been written
on every door of existence.

over and over again...

So why do I write?

...because you keep refusing
to come in

and
I love the smell
of fresh baked bread.

Dear wayfarer,

Whenever you feel tangled in life's web,
remember this:

"You owe not a thing to anyone
and yet,
you owe everything and every being
all the Love
your cup could possibly contain."

So have a drink from My cup,
and it should be
easier to Forgive.

This whole time-space thing
is good for learning
to take feelings seriously

• • •

but once you've figured that out,

I recommend
moving somewhere else.

Let your love engulf you
like a red hot coal.

When the height of your longing
for the Beloved
has reached its peak,

hold Her hand,
and gently ask Her,

to blow on your burning heart.

My dear,

watch the flame dance
in every direction.

Burning so far and high
that it begins to touch
the flame
of God, herself.

Between your flame and God's flame
is a third flame,
created from the heat of your passion.

This third flame
is a master seamstress,
and if you address her
with eyes full of Love

...

She will be more than happy
to sew you two together.

Destiny is the river
which is flowing to its bigger body.

I'd recommend jumping on the divine raft
and having some fun…

Later on,
in a more deep and intimate conversation
She said:

"My love,
this existence is my body.

I am fragile like the wings of a butterfly
and yet, harder than a cut diamond.

I hope love has taught you by now,
to not force yourself upon me.

This existence is my body.

Be tender to me my dear,
and let us fly."

I am engulfed in my love
for a perfect One.
A prophet of Her majesty.

Yet in every interaction we have ever had,

He raises his blue chalice,
sealed by a golden medallion.
And says:

"My sweet lover and friend,
I am simply here to remind you
of Love.

If my name and face become a veil,
to this simple truth,

may they be dropped all together
so you may return to your Heart.

Sweetheart,
why drop to your knees
at the door of the temple,

when She is letting you in?"

A hermit and a poet were sharing
an evening together as close companions.

The hermit offered the great poet wine,
and the poet responded:

"I am wine.
Would it not be of the ego
to drink of myself?"

The hermit laughed and said:

"You ARE?
Well, no longer 'I' exist.
So this body will enjoy some wine."

On the shoulder of silence,
sat a burning ember of contentment.

In crowded cities more desolate
than deserts,
the heart of a single grain
found courage to sing.

Over a youthful laugh and wink,
every war started and ended.

Poets gave their pens to crackling leaves.
Painters gave their brushes to open hearts.

Eyelids became the front and back cover
of the greatest book.

My love,
My poems for you are just muddy shells
holding the pearls of my love
within them.

Have the children yet learned to crack
the pistachio open?

If not, then lend a helping hand.

Come, come back again.

Has not the passionate flame
of the dragon,
also thirsted for the cool breeze
of Love?

Can you smell this wine?

Then come, come back again.

Take this page and use it as firewood
for the flame of your heart.

Only in the eye of the storm,
may there be silence.

Let there be silence.

Are the branches moving uncontrollably?
If it is not in dance,

then come, come back again.

If this page cannot warm
the core of your heart,

then my love, throw it in the fire
so it may warm the core of your body.

And if it is a kiss you ever need,
then please,

come, come back again.

For every lie that has been told
about my Beloved,

A thousand gashes have appeared
on my gentle heart.

For this Sun does not refuse His light
upon anyone or anything.

And this Mother does not choose favorites
among Her infinite children.

My love,

do not fear or judge
those eyes that have darkened.

When have heavy clouds
not burst into the tears of their sorrow?

Must not your heart be stomped on
by the feet of an ecstatic one,
for the wine to be made?

And how will your love spread,
if it is confined
to the shell of its own skin?

My dear, those same feet
that have danced and stomped
all over your sweet heart,

will be the same feet you will
kneel down and kiss.

One day you will leave the shell
of your own fear and judgement.

One day you will bury your own body
and you will not know
whether to laugh or cry.

Petals you will put,
on your own feet.

A letter to men:

My dear, how do you worship God,
and yet the beauty of a woman
has not dropped you to your knees?

One day,
I saw a woman's white sheets
stained red from the gift
of her lunar cycle.

Every tear in existence ran to my heart
and began to sing
the most beautiful prayer.

For it witnessed beauty unmatched.
Her Holiness.

Sweetheart,
sooner or later you will realize,

your gender was just another flag
you have raised in the sky.

O dear men, one day
you will marry the sky.

And you will make amends
with the Woman,
inside of your heart.

Some-where in the echo
of a silent sphere,
rang a gentle whisper.

Repeating over and over again,
it said:

"If you will drink my wine,
then do not toss my bread on the floor.

If you will eat of my bread,
then may my wine drench
the core of your being,

so you forever carry its scent."

Like a clear, polished crystal,
my heart sits cut, still, and empty.

Ready for the touch of the Sun
and a glance
from your wondrous eyes,

to burst into a dance
of All possible color.

I said: My love,
wherever you go, I will follow.

Then you grabbed my hand and pulled me
in every direction.

You said: Do not worship any image of me.

And so, I setup an altar
for empty space.

You are the woodpecker in my heart,
knocking on the window to set me free.

And yet, you are the very glass shell
that contains me.

You are the hot and thick
passionate love we make
in a tight space.

And yet, you are the breath of fresh air
when the door is opened.

I surrender, O I surrender

My love, will you alas just let me rest
in the warmth of your bosom?

And you said:

My dear,
only if you let me rest
in Yours.

www.ingramcontent.com/pod-product-compliance
Lightning Source LLC
LaVergne TN
LVHW052353100826
845147LV00013B/831

9781954744493

معشوق

شاعر: آرمین کبیری

مترجم: مهرداد رحیمی

Epigraph Publishing
Rhinebeck, New York

ای عزیزترین دوست،
خورشید خانه ی دنجـی برای خودش
در نوک دماغ تو ساخته است.

معشوق خودش را کوچک کرده تا
تو بتوانـی او را ببوسـی.

معشوق خودش را در همه چیـز
بافته است.

بطوری که
لبهای تو هر جا را ببوسند،

آنجا گونه ای او خواهد بود.

یک جوینده ی قارچ، یک مرد روحانـی،
و یک بچه تصمیم گرفتند که
در یک جنگل زیبا قدم بزنند.

شب قبل باران باریده بود
بطوریکه جوینده ی قارچ
شانس زیادی داشت که قارچهای
دلخواه خود را پیدا کند.

اما او در این جستجو
همه زیبائیهای دیگر موجود در جنگل را
از دست داد.

مرد روحانـی بهش خیلـی خوش گذشت
ولـی، هنوز چند متـری بیشتـر نرفته بود که
خسته و کوفته شد.

او آنقدر مشغول تعظیم به هر درخت
و هر حشـره ای بود که دیگر
همراهان را گم کرد.

اما بچه، در پایان پیاده روی
با یک مشـت برگ، با یک تنه ی درخت،
و با یک سنجاب
دوستـی نزدیکـی پیدا کرده بود.

او سـرشار از ذوق این دوستـیها
در بازگشت به خانه
همه ی راه را رقصید.

هان نگاه کن

طلا و الماس
خدمتکاران افتاده ای

برای یک برگ پائیـزی شده اند.

زنـی که من مـی ستایم
بدنش را در نهایت
وسعت فضا گستـرده است.

حالا، هر حرکت من
بوسه ایست ملایم
و رقصیست پر شور

در حضور پاک و منـزه او.

قرمزتر از قرمزترین روژ لبها

دوست عزیزم،
بگذار تا لبهای قلبت
تک تک مولکولهای هستـی را ببوسند

و بزودی،
خواهـی دید که لبهای تو

قرمزتر از قرمزترین
روژ لبها هستند.

اجازه میدهـی رازی را به تو بگویم؟

تنها یک کار
مـی شود کرد.

وقتـی بیدار مـی شوی،

زنبیل طلائیت را از عشق پر کن
و آن را با خودت
هر جا میـروی ببـر.

مطمئنم با هر قدم،
ذره های عشق
از خلل بافته زنبیل تو فرو خواهند ریخت

و زمـیـن گرسنه را بارور خواهند کرد.

سـرزمیـن شیـر و عسل
تنها قدم زدن آرامیست

در سـرگردان دل تو.

جلوتر بیا تا ببینـی که،
نوای موسیقـی دل
مزاحم سکوت نیست.

در واقع،
آنها برای رقصیدن باهم
نوبت میگیـرند.

چقدر زیبائـی!
تو ای معشوق من.

و البته، تو جدائـی را انتخاب میکنـی
تا که تجربه کنـی

لذت شیـرین ملاقات دو باره را.

اگر زود تر از این میدانستم که
از هر منفذ بدنم
عسل عشق
تراوش میکند،

هرگز از دویدن باز نمـی ایستادم.

روزی طلبه ای به پای
یک قدیس محلـی افتاد.

"خدا چیست؟" از او پرسید،

قدیس شـروع به شمردن یک لیست بـی پایان کرد.

و قبل از اینکه ذره ای از بیکران هستـی
را بازگو کرده باشد
مُرد.

کمـی بعد، طلبه هم
در گذشت.

هنوز تشنه ی دانائـی،
طلبه دو باره با قدیس ملاقات کرد.

ولـی این بار روی ابرها.

باز طلبه پرسید،
"پس حالا بگو، خدا چه نیست؟"

قدیس در سکوتـی طولانـی آنقدر نشست
تا که خودش خدا شد،

و تا ابد
شـروع به خندیدن و رقصیدن کرد.

جوینده ی عزیز،
بدان که حقیقت
همچون کریستال روشن است.

اگر همه ی اوقات خود را
صرف جستجو کنی
ممکن است هرگز آن را پیدا نکنی.

با این حال، شاید روزی
پایت به سنگی

باشکوه برخورد کند.

مهم نیست که باد در چه جهت مـی وزد،
دود همیشه بلند میشود.

آسمان آبـی
نه بلند میشود، نه مـی افتد،
همیشه ناظر است.

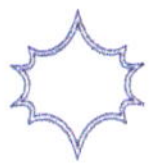

در میان فضای بیـن شاخه ها،

بر این صحنه ی سـراسـر سبـز
خداوند نور افکن عظیمـی را روشن کرده است.

نمـی خواهـی برایش برقصـی؟

ای معشوق،

اگر هر حرکت من
کاری از عشق نیست،

مرا چون یک کوه
از حرکت باز دار.

اگر هر جنبش من
همنوا با نُت عشق است،

مرا بدست باد
بسپار.

امروز صبح،

مجبور شدم مقدس ترین شعرهایم را
بر آب بنویسم.

صفحات دیگر تاب
شمشیـرهای سنگیـن را ندارند.

امروز صبح،

مجبور شدم مقدس ترین شعرهایم را
بر آب بنویسم.

دیگر وسع سوزاندن
این اوراق را نداشتم.

برای نورٍ تری دعا میکنم
که بالهایش را برایم مـی نوازد.

آه، چه فرصت زیبائـی.

پروانه های مقدس
در درونم به پروازند.

آب در مشت نمـی ماند
حتـی به سعـی.
آب مـی ریزد و مشت بسته مـی ماند.

عشق داشتـن تو نیست.

عشق بودن تو است.

از سـرزمیـن پادشاهـی قلبم،
بـی نهایت جنگجو بیـرون آمدند.

بتاخت بر اسبهای سفیدشان
همه ی اندام بدنم را فتح کردند.

این جنگجویان الهـی نور،
بازیگوشانه در همه جا

برای مطالبه ی سـرزمیـن من
شـروع به شکستـن تخمهای طلائـی کردند،

و به تمام هستـی
رنگهای ایمان و حقیقت
پاشیدند.

ای زیبا جوینده ی حقیقت،

اگر میخواهــی از پشت شیشه ای عرق کرده
شعله ی عشق خداوندی را ببینــی،

آنرا ببوس.

همه جا را بوسیدن
نتایج مطلوبــی ببار مــی آورد.

دوست عزیز،

یک روز بطور تصادفی
با خداوند روبرو خواهی شد
...
و در جهت مخالف خواهی چرخید،
به زانو خواهی افتاد،
و از ته دل آن توسن شاهانه ی عشق را

دعا خواهی کرد که،

به تو کمک کرد
تا به خانه برسی.

در درونم لشگرهای مخالف
به آتش بس رسیده اند.

در یک لحظه تماشائـی
تمام سـربازها، شیـرین و آرام
یکدیگر را در آغوش گرفتند.

آنها شمشیـرهایشان را
بر روی این صفحه کاغذ انداختند،

و چنان شد که این شعر
بودن گرفت.

بعضـیها بر روی آب قدم زده اند
اما خیلـیها زیر باران

فقط یکنفر خودش آب شده است.

در این راه،
اینجا یا آنجا،

یکنفر اصـرار خواهد کرد
که تو از یک متخصص کمک جدی بگیـری.

و آن نفر احتمالا حق دارد.

میدانم که خدا در این موقع سال
خیلـی سـرش شلوغ است.

اگر جای تو بودم خیلـی زودتر از این
از او وقت ملاقات میگرفتم.

این هم یک شعر
که واقعا مزخرف است
ولـی حقیقتـی است محض.

این درخت نیست
که انعکاس خودش را
روی آب انداخته است
...

بلکه این آب شفاف و ساکن است
که این انعکاس را خلق کرده
تا فرم درخت را
آشکار کند.

اگر این تو را برای مدتـی طولانـی
به فکر فرو میبـرد،

فقط یادت باشد که بیشتـر
عاشق باشـی.

عشق آوای دعوت به نماز را
سـر داده است!

تمام مولکولهای هستـی
ردای رنگیـن پوشیده،

دست در دست هم داده اند،

و سماعـی با شکوه را بدور
دل عزیز و پر نور تو آغاز کرده اند.

دیروز،

فرشته ها
به زیبائی خدا اشک می ریختند...

و دستمالها یشان را
در آسمان رها می کردند...

وای، چه دعای شگفت انگیـزی!

رقاصه های شاه
به روی سـرهای به تعظیم در آمده مـی پریدند،

سـرها را با لگد مـی انداختند
و دنیاهای تازه ای مـی ساختند!

آه، و چقدر دعاگویان سـر بریده
این کار را دوست داشتند!

با لحنـی شیـرین تر از عسل

عاشقـی به معشوق خود گفت:
"عزیزم، حالا میدانم
که تو همه جا و همه چیـز هستـی.

دیگر نمـی توانـی
خودت را از من پنهان کنـی."

و معشوق او گفت:

"عجب! تو میدانـی که من
همه جا و همه چیـز،
در همه فکر و در همه کس،
و در همه ی مولکولها،
و در ذاتِ هیچ هستم
...

دیگر نمـی توانـی
از من فرار کنـی!“

عزیزم،

خنده سـرنوشت تو است

...

و ابدیّت صبـرش نیست
که دوستان بیشتـری داشته باشد.

در حالیکه خم شده
پای زیبای معشوق را مـی بوسیدم،

فرشته گان و کودکان
بر پشتم
سـرسـره بازی مـی کردند،

و خودشان را
هر چه عمیقتـر به درون

آبهای روشن و شیـرین عشق
پرتاب مـی کردند.

خودتان را برای این یکـی آماده کنید

...

شعر واقعـی مایع عشقبازی

پاک شده از بدن شیـرین
معشوق است.

اگر این بیت زیبا بود،
تصور کن
که چقدر زیبا بود آن عشقبازی.

این مطلبیست که احتمالا در مدرسه
درس داده نمـی شود...

خدمت سکس قطعا کارکرد بیولوژیکـی آن است.

عشق یا عشقبازی
در سکس نقشـی ندارد
ولـی میتواند در هر کار دیگر مطرح باشد...

عشق اساس
خلقت است.

پس دفعه دیگر که سکس دارید
...

سعـی کنید کمـی عشق
چاشنـی آن کنید.

عزیز من،

وقتی غمیـن و پینه بسته ای،

هر ذره در بدنت
معصومانه حیـران میشود که...

کجاست میـزبان این
جام الهـی؟

بـی ادبیست
که در مهمانـی خودت شـرکت نکنـی.

شیـرهای محافظ
بر روی زمیـنهای شیشه ای قدم میـزنند،

و بر موم آب شده ی
شمعهای سفید
شمشیـر میکشند.

دل من در آرامش است،
چون میدانم

مادر ما
تا به ابد در امان است.

امروز صبح
نامه ای برایم رسید
به امضای خدا.

آن نامه با نور و فرمهای رقصان
نوشته شده بود.

و این بهتـرین ترجمه من است...

نوشته بود:
"عزیزان من، من کلمات را اختـراع کردم
تا شما بتوانید آنها را
چاشنـی شعرهای عاشقانه ی خود کنید.

اسلحه چرا؟"

چند قطره باران روی نامه ریخت
و من در پشت نامه دیدم که
نوشته بود:

”هر حرکت و هر سکون
یک شعر عاشقانه است.“

گاهی اوقات، خودم را نشسته
بر صخره ها مـی بینم که دارم
به قندیلهای یخ مـی گویم:
گریه کنید، زار شوید.

دیگر اوقات،
خودم را در میان گلبـرگهای باز نشده مـی بینم
و نجوا کنان مـی گویم:
شـرم نکنید، باز شوید.

از این لحن قافیه دار
پوزش مـی خواهم.

و سخنـی در رنج بردن...

دوست عزیزم،
اگر این دنیا ضد عفونـی شده و امن بود،

بعد از مدتـی،
احساس مـی کردی که
در یک بیمارستان زندگـی مـی کنـی.

پس آن لباس ایمنـی را بکن
و کمـی خوش باش.

روزی خواهد رسید که تو
ترک علایق کردن را کلّا کنار بگذاری.

گر چه، گاهــی ترک علاقه
میتواند ما را از شــرّ لباسهای کهنه راحت کند.

ولــی بجای اینکه بگوئیم،
"از این بخاطر آن میگذرم."

بهتــر است چیــزی شبیه این بگوئیم...

"این هم خیلــی زیباست."

ای سالک،
اندام معشوق تو
در همه جا وجود دارد.

که شامل آن فضای نامرئـی
در ذهن تو است،
آنجا که افکار تو اغلب
در گیـر و در برخورد با یکدیگرند.

بگذار اندیشه هایت از نزدیک
آن فضای نامرئـی را نوازش کنند،
تا که دیگر نامرئـی ننماید.

بگذار اندیشه هایت پرهای درخشانـی باشند
تا این فضای خالـی را مفتون خود کرده

و در آن فضا رنگ و نور بوجود بیآورند.

آنقدر داس ماه خوشحال
و پر از خدا شد،

که لبخند او
مرتبا وسیع و وسیعتـر شد
...

تا یکدفعه!

هاله ای از نور در
آسمان شب ظاهر شد.

میخواهید بدانید که
من تا حالا روی چه چیـز کار مـی کرده ام؟

باشد، تا حالا مشغول بافتـن
ردیفـی بـی شمار از
لانه های طلائـی بوده ام،

که شاید بتوانند
دلهای تمام عالم هستـی را تغذیه کنند.

لذا، برای ارسال دعوتنامه ها

احتیاج به کمک دارم.

امشب،
کاش تو اینجا بودی و من
میتوانستم با این سوپ خوشمزه ای
که پخته ام در خدمتت باشم.

ولـی با وجود فاصله نزدیک بیـن من و تو
میتوانم این را با تو شـریک شوم:

جایگاه حقیقت
پشت پرده ی تکامل است.

چرا که ورای همه ی تغییـرات
ثباتـی وجود دارد
که همیشه بوده و همیشه خواهد بود.

آنچه که ما اغلب داریم " تغییر" بنامیم،

بسادگی هاله ایست
بی عیب و نقص
بر محور عظیم عشق.

...این یک کم جدی شد.

...فکر میکنم بهتر بود
برای خوردن سوپ اینجا بودید.

یک روز تو بیدار مـی شوی،

و نا گهان خواهـی دانست

اسم همه مردم را.

شاعر کشاورزیست ساده...

که گاهـی در مرغزار آسمان سیـر کرده،
از آنجا میوه های ساخته شده از نور
به همراه میآورد.

گاهـی دیگر، در عمق زمینـی کاوش میکند
که از اشکهای الهی معشوق
تر شده است.

شاعر کشاورزیست ساده...

تنها و عریان
ولـی،

با لباسـی پر از گِل
و پر از همه چیـز و همه کس.

شاعر کشاورزیست ساده...

عزیز من،

بدان که در این عالم

تنها یک شاعر
و
تنها یک شعر

همیشگی بوده است
...

من همچون مادری آبستـن
شده ام که پستانهایش درد گرفته،

و سخت بدنبال شیـر دادن به تو است.

آنچه که تو همیشه
التماسش را مـی کردی،

حالا من
به تو التماس مـی کنم که بگیـری.

دور تا دور
این آب مقدس
شعله ایست تقدیس شده.

اینجا، لطیفترین عشقها
و پر شورترین عشقها
دست در دست هم دارند.

به عالم مقدس من خوش آمدید همه،
زیرا که این حلقه ی سوزان
همه ی شمشیرها را
در بدو ورود آب خواهد کرد
و به اولاد من عسل مذاب پیشکش خواهد کرد.

عزیز دل، نیازی به ترس نیست.
خوش آمدید همه.

در سکوتـی سوزان،
برفها آب شدند و پرندگان بزمیـن نشستند
تا از آب جمع شده بنوشند.

و درحالیکه قطره های آب را
در منقار خود نگه داشته بودند،

بهر سوئـی پر کشیدند،
و باین ترتیب این گنبد دوار را
بیشتـر و بیشتـر گستـرش دادند.

خورشید در گوشم درونـی ترین
اسـرار خود را نجوا کرد.

امیدوارم که بداند
من نگهدارنده ی خوبـی برای اسـرار نیستم.

گوشت را جلو بیار...

"من سایه ی دل
تو هستم."

عزیزم،

هر مفهوم و نامـی
که برای خودت از معشوق ساخته ای،
سـرانجام روزی
از سـر راهت کنار خواهد رفت
...
تا لبهایت برای
بوسیدن هستـی
چیـزی کم نیاورند.

به این نتیجه رسیده ام
که فقط یک سؤال
ارزش پرسیدن دارد:

"با من ازدواج مـی کنـی؟"

احتمالا برای این سؤال
پاسخ غریبـی خواهـی گرفت
نظیـر...

"اگر مـی خواهـی با من ازدواج کنـی
باید اول با سکوت ازدواج کنـی."

تمام چیـزهائـی که من همیشه نوشته ام،
روی تک تک درهای
هستـی بارها و بارها

نوشته شده است...

پس چرا بنویسم؟

...چون تو دائم از به درون آمدن
امتناع مـی کنـی

و
من آن بوی خوش
نان تازه را دوست دارم.

سالک عزیز،

هر زمان خود را در بندهای زندگـی گرفتار مـی بینـی
این را بیاد بیاور:

”تو به هیچ کس هیچ چیـز بدهکار نیستـی
بلکه،
تو به اندازه ی تمام عشقـی که
در جام شـراب تو مـی گنجد
به همه چیـز و همه کس مدیونـی.“

پس جرعه ای از جام من بنوش،
تا شاید بخشش
برایت آسانتـر شود.

مبحث زمان و مکان خوب است
اگر یاد بگیـریم که
احساسات را باید جدی گرفت
...

ولـی بعد از اینکه آن را یاد گرفتـی،

توصیه میکنم
که به جای دیگر بروی.

بگذار تا عشق تو را
همچون ذغالـی سـرخ و داغ در بر بگیـرد.

وقتـی که اشتیاق تو
برای معشوق
به غایت خود رسید،

دستش را بگیـر،
و به نرمـی از او بخواه،

تا دل سوزان تو را فوت کند.

عزیزم،

به شعله ها نگاه کن
که در هر سوئـی برقصند.

و آنقدر بلند و دور
زبانه مـی کشند
که به شعله ی
خداوندی رسیده اند.

بیـن شعله ی تو و شعله ی خداوندی
شعله ی سومّـی وجود دارد،
که از حرارت شور عشق تو بوجود آمده.

این شعله سوّم
خیاطیست استاد،
و اگر تو از او
با چشمانـی پر عشق یاد کنـی
...

خوشحال میشود تا شما دوتا را
به همدیگر بدوزد.

سـرنوشت رودخانه ایست
که بسوی بستـر بزرگتـر خود جاریست.

توصیه میکنم که سوار قایق الهـی شده
و خوش باشـی...

بعداً،
در یک گفتگوی صمیمانه تر و عمیقتـر
او گفت:

"عشق من،
هستـی بدن من است.

من همچون بالهای یک پروانه شکننده
ولـی، درعیـن حال سختـر از الماسم.

امیدوارم که عشق به تو آموخته باشد
که خودت را به من تحمیل نکنـی.

هستـی بدن من است.

با من لطیف باش ای عزیز
و بیا تا باهم پرواز کنیم."

من در عشق خود
برای آن کمال عشق مـی سوزم
برای پیامبـر آن علیا حضـرت.

اما در هر برخوردی که باهم داشته ایم،

او جام آبـی خود را
که بر آن مدالـی طلائـی مُهر شده بلند مـی کرد،
و مـی گفت:

ای عشق و ای دوست خوبم،“
من اینجا هستم تا
عشق را بیاد تو بیاورم.

اگر صورت و نام من حجابـی
بر این حقیقت باشند،

بهتـر آنکه همه از بیـن بروند
تا تو به دل خودت باز گردی.

عزیز من،
لازم نیست بر در ورودی معبد
زانو بزنـی،

وقتـی که معشوقه
تو را به درون مـی پذیرد.“

یک زاهد و یک شاعر
یک روز عصر همصحبت نزدیک هم بودند.

زاهد شرابی به شاعر تعارف کرد،
و شاعر در جواب گفت:

"من خودم شرابم.
آیا خود خواهی نیست
که خودم را بنوشم؟"

زاهد خنده ای کرد و گفت:

"آیا تو هستی؟
در کار نیست. 'منی' پس دیگر
بهتر است این بدن شرابی بنوشد."

بر شانه ی سکوت
جرقه ی سوزان رضایت نشست.

در شهرهای شلوغ و
متـروکتـر از بیابانها،
یک دانه جرات کرد که از دل آواز بخواند.

بخاطر یک لبخند و یک چشمک
چه جنگها که شـروع و تمام شدند.

شاعران قلمهای خود را به برگهای خشک دادند،
و نقاشان قلم موهایشان را به دلهای باز.

و پلکها روی جلد و پشت جلد
بهتـرین کتاب شدند.

عشق من،
سـروده های من برای تو
شبیه صدفهای گِل آلودی هستند
که مروارید عشق مرا در دل نهفته دارند.

آیا بچه ها یاد گرفته اند که
چگونه پسته را باز کنند؟

اگر نه، یادشان بده.

بیا، دو باره برگرد.

آیا شعله ی پر شور اژدها نیـز،
تشنه ی نسیم خنک عشق نیست؟

بوی این شـراب را مـی فهمـی؟

پس بیا، دو باره برگرد.

این برگ کاغذ را بگیـر و از آن برای آتش قلبت
بجای هیـزم استفاده کن.

فقط در دل طوفان
سکوت امکان وجود دارد.

پس بگذار سکوت باشد.

آیا شاخه ها بطور غیـر قابل کنتـرل تکان میخورند؟
اگر که آنها نمـی رقصند،

پس بیا، دو باره برگرد.

اگر این صفحه ی کاغذ
دل تو را گرم نمـی کند،

پس عزیزم، آن را در آتش بینداز
تا شاید بدن تو را گرم کند.

و اگر آن بوسه ایست که نیاز داشته ای،
پس لطفاً،

بیا، دو باره برگرد.

به ازای هر دروغ گفته شده
در باره معشوق،

هزار زخم بر قلب لطیف من
وارد آمده است.

چرا که این خورشید
آفتابش را از هیچ کس و هیچ چیـز دریغ نمیکند.

و این مادر، از میان بینهایت فرزندانش
عزیز کرده ها را انتخاب نمـی کند.

عشق من،

نه بترس از و نه قضاوت کن
آن چشمان تاریک بین را.

آیا زمانی هست که ابرهای سنگین
بر غم آنها اشک نریخته باشند؟

آیا دل تو نباید برای ساختن شراب
در زیر پای یک بیخود از خود
له شود؟

و تو چطور میتوانی عشقت را
گسترش دهی اگر که
محدود به گوشت و پوست خود باشی؟
شاهد آن قدیسه.

عزیزم، آن پاها که روی دل زیبای تو
پا گذاشته و بر آن رقصیده اند،

همان پاهائـی هستند که بر آنها
زانو زده خواهـی بوسیدشان.

یک روز تو هم از پوسته ی
ترس و قضاوت خود بیـرون خواهـی آمد.

یک روز تو هم بدن خودت را چال خواهـی کرد
و حیـران خواهـی شد
که بخندی یا گریه کنـی.

گلبـرگها را روی پا ی خودت
خواهـی گذاشت.

چند کلمه با مردان:

عزیزم، چطور است که خدا را مـی پرستید،
ولی در مقابل زیبائـی یک زن
به زانو نمـی افتید؟

یک روز،
ملافه ی سفید زنـی را دیدم که
از هدیه ی عادت ماهانه اش
لکه های قرمز داشت.

همه ی اشکهای هستـی
در دلم دویدند و شـروع
به خواندن قشنگتـرین دعا ی عالم کردند.

چرا که شاهد یک زیبائـی
بـی همانند بودند.
شاهد آن قدیسه.

عزیزم،
دیر یا زود خواهـی فهمید که،

جنسیت تو فقط پرچم دیگریست
که تو در آسمان بر افراشته ای.

ای مرد عزیز،
روزی تو با آسمان ازدواج کرده،

با زنـی که در درون دل توست
مصالحه خواهـی کرد.

جایـی در طنیـن
حاکم بر سکوت،
نجوائـی لطیف در گوشم زنگ زد.

آن نجوا بارها و بارها تکرار شد،
و گفت:

"اگر از شـراب من نوشیدی،
هرگز نان مرا بر زمیـن نینداز.

اگر نان مرا خوردی،
آنوقت شـراب من شالوده ی
هستـی تو را سیـراب خواهد کرد،

و تو برای همیشه بویش را به همراه خواهـی داشت."

به مثابه کریستالی روشن و صیقل شده،
دلم برش خورده، ساکن، و خالی،

حاضر است،
برای آن نوازش نور آفتاب
و برای نگاه آن چشمان اعجاب آور تو

به یکباره رقصی را
با تمام رنگها ی ممکن آغاز کند.

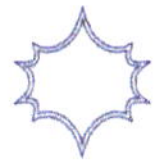

گفتم: عشق من،
هر جا بروی، بدنبالت خواهم بود.

آنوقت تو دستم را گرفتـی و مرا
به هر سوئـی کشاندی.

گفتـی: هیچ تصویر پیش پرداخته از من را نپـرست.

پس من محرابـی برای
فضائـی خالـی ساختم.

تو در قلبم همچون دارکوبـی هستـی که
بر پنجره میکوبد تا مرا آزاد کند.

و در عیـن حال، تو خود آن شیشه هستـی
که من را در خود دارد.

تو هم آن عشق پر حرارت و پر شور هستـی
که ما در فضائـی تنگ مـی ورزیم.

و هم، آن نفس هوای تازه ای
که از دری باز مـی رسد.

آه، من تسلیم توام، تسلیم تو

عشق من، آیا هرگز اجازه مـی دهـی که
من در گرمای آغوش تو آرام بگیـرم؟

و تو گفتـی:

عزیزم،
فقط اگر تو هم اجازه آن را
به من بدهـی.